Victor BARRUCAND

La Guerre du Riff

LAROCHE & DAWANT
7, rue Coq Héron
PARIS

1927

Victor BARRUCAND

La Guerre du Riff

LAROCHE & DAWANT
7, rue Coq Héron
PARIS
—
1927

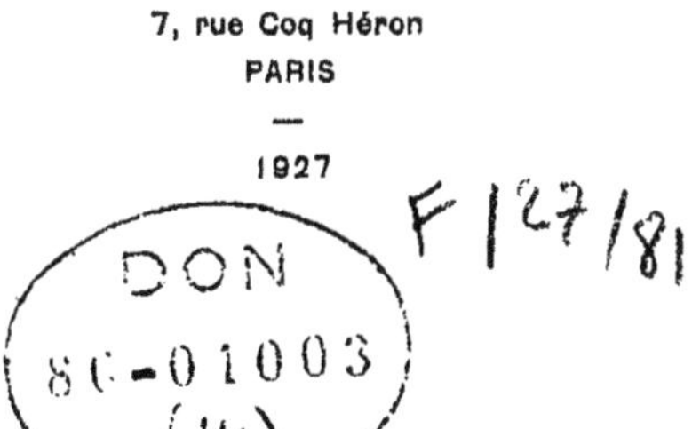

La Guerre du Riff

I

Dans ses grandes lignes, la guerre du Riff pourrait être écrite, dès aujourd'hui. De toutes les entreprises coloniales, elle est celle qui aura coûté le plus cher en hommes et en argent et si l'on considère qu'elle n'a pas agrandi le Maroc français d'un pouce de terrain, qu'elle a même amorcé maintes contestations d'ordre diplomatique, on discutera longtemps sur la façon dont elle a été comprise et menée.

A l'origine, le Protectorat marocain avait estimé fort justement que la victoire d'Abd el Krim, sur les Espagnols pouvait être un encouragement à la dissidence, que nous risquions d'avoir à contenir ou à ramener les tribus riveraines, que nous devions, en conséquence, disposer d'un impressionnant appareil, quitte à ne pas l'employer.

Le maréchal Lyautey avait parfaitement compris que, vainqueur de l'Espagne, Abd el Krim ne pourrait pas tenir ses contingents dans les limites d'un bon voisinage avec les tribus makhzen de notre zône.

Dans son rapport du 20 décembre 1924, il réclamait des renforts « pour être en mesure, à partir du 1er avril, de riposter à toute agression et de prendre la maîtrise des événements. »

Si les quelques bataillons réclamés instamment avaient été rendus à pied-d'œuvre à la date qu'il indiquait, la dissidence des Beni-Zeroual aurait pu être évitée ou enrayée, et leur maintien dans l'ordre aurait coupé court à la contagion.

En avril 1924, les Riffains, grisés par leurs succès, avaient voulu pénétrer chez les Beni-Zeroual, forte tribu makhzen, à la limite de notre zône, mais ils avaient été repoussés après sept jours de combat, par les gens du pays soumis à l'influence du chérif derkaoui Si Abderrahman.

A la même date, un an plus tard, les Beni-Zeroual sont encore attaqués et forcés, cette fois, à la dissidence.

L'infiltration riffaine allait gagner de proche en proche, jusqu'au jour où elle fut héroïquement arrêtée par les rares troupes dont disposait le Maréchal, dans les combats sanglants qui se déroulèrent du 2 au 6 juillet.

L'exposé fort clair de M. Charles Dumont (1) permet d'établir sur pièces officielles cette vérité historique.

*
* *

Le maréchal Lyautey, dans son rapport du 20 décembre, demandait des renforts pour le 1er avril au plus tard et il indiquait même que l'attaque ne se produirait contre nous, que « si l'ennemi continuait à nous croire faibles ». Il montrait enfin dans quelle position le mettait l'absence des troupes blanches françaises, dont le défaut était exploité contre notre contrôle jusque chez les populations soumises. On ne garde pas le Maroc avec des Malgaches et des nègres. Il considérait comme une nécessité primordiale pour « tenir le coup jusqu'en avril », d'avoir tout de suite à sa disposition le régiment d'infanterie coloniale du Maroc, à trois bataillons (à faire revenir du Rhin) et deux autres bataillons, au total cinq bataillons, portant la réserve disponible à quatorze. Il demandait, en outre, deux compagnies du génie d'Algérie, pour le 15 février au plus tard. C'est là, écrivait-il, un point essentiel.

Il réclamait aussi, dès le mois de décembre, pour en disposer au 1er avril, quatre bataillons, trois batteries de 65, deux escadrons, une demie compagnie de sapeurs télégraphistes, deux escadrilles d'aviation.

Demandes modestes mais suffisantes.

Le 17 mars, il insistait encore de la façon la plus pressante.

Par la négligence du ministère, les troupes attendues ne passeront à Oudjda que du 21 au 30 avril. Or, dès le 16 avril, tout le territoire des Beni-Zeroual, malgré la résistance du chérif et de ses contingents, Bou-Bane et Oulad-Kacem, est tombé aux

---

(1) Annexe au procès-verbal du 10 décembre 1926 : *La latte contre Abd el Krim* par Charles Dumont, sénateur, rapporteur du Budget de la guerre. (Paris, imprimerie du Sénat, Palais du Luxembourg).

mains des partisans d'Abd el Krim. Sur les ruines de nombreux villages brûlés et pillés, des otages ont été pris. Dès ce moment, la politique des Beni-Zeroual a brusquement changé et ils resteront hostiles jusqu'après la chûte d'Abd el Krim.

C'est à partir de ce fléchissement des Beni-Zeroual, que l'infiltration riffaine s'étend en largeur et gagne toutes les tribus menacées que nous ne pouvons pas protéger parce que les troupes qui devaient être là n'ont pas encore paru à Oudjda et que la flambée de rébellion court sur un front de 350 kilomètres.

*
* *

Du 23 au 28 avril, les Beni-Ouriaghel, les Jaïa, les Mezraoua, les Senadja, les Rhiassa, les Méziat et, en partie, les Sless, les Hayana font défection. Tous nos postes de vigie sur l'Ouergha sont investis.

Abd el Krim n'a que quelques milliers de réguliers avec lui, mais une turbulente dissidence, grossie tous les jours, les précède.

A supposer que les tribus de garde eussent tenu, en 1925 comme en 1924, grâce à l'appui militaire que réclamait le maréchal Lyautey, le germe de la dissidence aurait été étouffé et, une fois de plus, Abd el Krim eût désavoué ses émissaires et ses caïds trop ardents.

Il faut se placer à ce point de vue pour comprendre la gravité de la faute du ministère, influencé lui-même par tous ceux qui soutenaient la thèse de l'exagération du péril riffain, par tous ceux qui n'y croyaient pas,

Le maréchal Lyautey avait tout prévu, mais il n'avait pas pu calculer les conséquences des manquements de la politique.

Ses précisions étaient de telle nature qu'on les crut concertées contre un péril imaginaire.

A quelles aberrations tragiques l'esprit de parti ne peut-il conduire ?

Nous allons voir, maintenant, comment avec une poignée de troupes héroïques et exténuées, le maréchal sauva le Maroc, l'Algérie et M. Painlevé lui-même.

II

Sur la fin de février 1924, le maréchal Lyautey avait décidé de créer, au nord de l'Ouergha, à la limite de notre zone d'influence, une série de petits postes de vigie qui devaient prévenir toute diversion des Riffains sur nos confins.

M. Charles Dumont n'a pas de peine à établir que ce ne fut pas là une manière de provocation comme on l'a dit, mais une précaution qu'il qualifie de tardive. Or, on ne peut pas tout faire à la fois et l'établissement de ces postes de surveillance fut subordonnée à l'approbation du gouvernement. Mais en avril 1924, toutes les difficultés semblaient aplanies, et quand M. Steeg, alors gouverneur de l'Algérie, s'arrêta à Fez, en revenant de la conférence de Rabat, le général de Chambrun ne fit pas mystère devant lui des dispositions qu'il allait prendre et qui ne rencontreraient, disait-il, aucune opposition sérieuse de la part des populations où nous allions nous établir, car elles connaissaient déjà nos véritables intentions.

L'Ouergha, dit le rapporteur, devant être franchi le 27 mai au matin, dès le 26, les délégués des tribus riveraines se présentèrent au camp du général et, spontanément, ils offrirent des guides pour conduire nos troupes à travers le pays. En deux jours et sans pertes nos objectifs étaient atteints.

Cependant les Riffains essayent de réagir et d'entraîner de leur côté les tribus qui nous ont si bien accueillis.

Ils forcent, par exemple, les M'tioua à creuser des tranchées devant nos postes et à inquiéter nos ravitaillements. Ils spéculent sur les instincts de pillage et sur la facilité d'échapper aux poursuites en utilisant l'abri des montagnes du Riff qui ne sont pas comprises dans notre zone.

Abd el Krim a-t-il commandé cette guérilla, on peut encore en douter. Cependant il se laisse impressionner par quelques actes de brigandage qui rencontrent chez ses amis armés pour la guerre contre les Espagnols des échos trop sensibles. Une harka de 2.000 fusils se forme, qui réalise des prises de troupeaux sur les Senhadja et qui émet la prétention de vivre aux dépens de toutes les tribus soumises.

Notre devoir est de les rassurer et de les défendre. Sur la fin de juillet 1924, une colonne de cinq bataillons et demi, commandée par le général Colombat, force les agresseurs Riffains à évacuer le pays et à regagner leurs montagnes. Effectivement protégées, les tribus reprennent leurs travaux. Libérées des Riffains, elles retournent à l'obéissance.

Cependant le maréchal Lyautey connaît maintenant leur versatilité, et, quand il demandera des troupes supplémentaires en décembre 1924, ce sera en prévision d'un retour offensif de l'ennemi disparu depuis six mois.

Entre temps, les élections de 1924 sont intervenues et il semble bien que la Métropole soit plus occupée de ses luttes d'opinion que de ce qui peut se passer au Maroc.

Si le maréchal Lyautey, après la maladie qui l'avait retenu en France, s'était retiré en septembre 24, comme il en eut l'intention, il aurait pu le faire en plein calme marocain, après avoir achevé son œuvre grandiose. Mais il n'a pas dissimulé à ses amis que les succès trop faciles des Riffains sur les Espagnols ne le laissent pas sans inquiétude quant aux pressions que les tribus berbères peuvent exercer sur Abd el Krim, reconnu au titre de chef de guerre. Il considère donc que son devoir est d'alerter le gouvernement et de lui montrer que le printemps de 1925 verra très probablement un retour offensif des Riffains contre les tribus indécises et partagées en çofs rivaux. Il ne veut pas que nous soyons surpris par une agression qui ne saurait être déclanchée avant le retour de la belle saison. Et c'est pourquoi il écrit, après en avoir pesé tous les termes, son fameux rapport du 20 décembre 1924, qui doit fournir au Maroc, en temps utile, toutes les forces militaires qui consolideront les tribus maghzen et leur permettront de repousser les incursions riffaines quand elles viendront à se produire.

Le premier devoir du Gouvernement était de répondre à cet appel sans retarder d'un jour, les échéances de soutien, car il est bien évident que si les tribus échappaient à leurs caïds et passaient aux Riffains pour éviter leurs méfaits, la situation se modifierait en conséquence et que les contingents d'appui devraient être considérés sous un autre angle.

On sait ce qui s'est passé : le gouvernement acquiesça en principe aux demandes du Protectorat, mais il modifia la composition des renforts qui lui étaient demandés, il esquiva l'envoi des troupes blanches et dissimula autant qu'il le pouvait l'embarquement des troupes de couleur qui, finalement, manquèrent le rendez-vous qu'on leur assignait à une date précise — le 1er avril 1925.

Ces troupes, qui auraient empêché toute dissidence, n'arrivèrent à Oudjda que sur la fin d'avril. Elles ne purent entrer en action avant le mois de mai. Or, l'attaque des Riffains, agissant par la terreur sur les tribus soumises, et les jetant de force dans la dissidence, commença dès le 12 avril. Les rives de l'Ouergha étaient atteintes le 17 avril et la dissidence se propageait en traînée de poudre. La situation venait d'être modifiée à fond en quinze jours. Seuls, les contingents de paix n'avaient pas changé, et ce sont des forces de police qui vont soutenir la grande guerre.

Honneur à ces braves, ils ont sauvé le Maroc et l'Algérie sans parler du ministère qui eût été emporté dans le désastre !

Devant la ruée des deux colonnes ennemies, de 5.000 hommes chacune, qui jetaient le désordre dans toutes les vallées de l'Ouergha et qui soulevaient au moins cinquante mille partisans, le général de Chambrun, d'accord avec le maréchal Lyautey, avait décidé de ne pas attendre les troupes de secours pour « tenter une attaque loin de Fez, en retenant l'ennemi loin de Fez ».

Cette décision, constate le rapporteur, a sauvé la capitale.

III

Il semble bien qu'après leurs désastres, les Espagnols aient eu la pensée de détourner sur notre front l'activité riffaine pour provoquer notre riposte et lier partie avec nous. On sait, d'ailleurs, que l'émir du Riff éventa ce piège et qu'il avisa même le Protectorat français des propositions qui lui étaient faites. Mais ses affirmations pouvaient, dès ce moment, être tendancieuses et après la première agression de ses harkas turbulentes, nous devions nous méfier de ses protestations d'amitié et d'admiration qui trouvaient plus d'échos à Paris qu'au Maroc.

Cependant on doit reconnaître que dans les premiers jours de mai 1924, Abd el Krim avait dépêché, à Fez, près du général de Chambrun, un émissaire spécial, Si Allouch, qui devait nous rassurer sur ses intentions et nous dévoiler le jeu de l'Espagne. Il demandait même à connaître d'une façon précise nos intentions d'établissement « afin de retirer ses troupes des territoires dont nous prendrions effectivement possession ».

En réalité, Abd el Krim voulait établir sa frontière et poser la borne de sa fédération des clans dans un pays où les droits de l'Espagne n'étaient plus que nominaux. Mais nous n'avions pas à reconnaître sa puissance par ce détour.

L'émir riffain n'envisageait pas, d'autre part, sans jalousie, la lieutenance de Raïssouli chez les Djebalas de l'Ouest. Il préparait son expédition contre lui ; d'accord avec Kheriro, il montrait le « chérif chevelu » vieilli et satisfait, gagné par l'or à la cause de l'Espagne. La liberté de l'action riffaine dans le secteur de Larache à Tétouan, était ce qui le préoccupait le plus ; il nous prodiguait donc des protestations d'amitié qui n'amenaient aucune réponse du Maroc averti, mais qui défrayaient la chronique et créaient un état d'esprit qui contribua sans doute au retard de nos renforts.

Des interviews sensationnelles avaient paru dans les journaux qui présentaient Abd el Krim en ami sincère et en admirateur de la France au Maroc. Cette attitude sera, d'ailleurs, celle qu'il reprendra après sa défaite en invoquant l'excuse de la fatalité et des événements.

« Nous n'en voulons qu'à l'Espagne, disait-il alors. Elle n'a pas su nous comprendre ; elle a révolté tous nos sentiments. »

Il regrettera plus tard de n'avoir pas persévéré dans cette voie, de n'avoir pas attaqué Mélilla et d'avoir cédé à l'attraction de Fez.

Au début de 1925, après la capture de Raïssouli, après la défaite et la mort d'Abd el Malek qui travaillaient tous deux pour le compte de l'Espagne, l'émir du Riff peut encore donner le change sur ses intentions. Ses lettres et les déclarations de ses envoyés concordent avec son action.

Mais déjà, le maréchal Lyautey sait pertinemment par son service des renseignements et par les rapports du marabout d'Amjot, que le printemps ne se passera pas sans une réaction offensive des tribus qui veulent aller boire à l'Ouergha.

L'Espagne a cependant manœuvré de telle façon qu'on sollicite déjà l'avis du Haut-Commissaire au sujet d'une alliance offensive et défensive avec l'Espagne.

A voir les choses du Maroc, sous un angle restreint sans doute, les inconvénients de cette alliance paraissent évidents. Elle nous jetterait aussitôt dans le guêpier du Riff et sans aucun profit pour nous.

Les conclusions du maréchal, exposées dans son rapport du 20 décembre 1924 sont formelles. Il n'assumerait pas la responsabilité de cette politique et il donne ses raisons. Comment a-t-on pu méconnaître un jugement qui s'inspirait des intérêts de la France au Maroc et de l'avenir de notre Protectorat ?

Il faut croire que des considérations de politique européenne sont intervenues. Mais si jamais notre prestige devait être atteint et si nos droits se trouvaient exposés à de nouvelles conférences, on devrait chercher l'origine de ces complications dans le pacte franco-espagnol, qui a fait le jeu des tiers et favorisé certaines ambitions méditerranéennes.

L'activité des agents espagnols et italiens, les complications de la zone de Tanger et le reste sont en germe dans une politique d'entente superficielle dont on n'aperçoit pas encore les avantages.

Ne laissons pas dire du moins que l'aveuglement fut total. Nous avons vu clair jusqu'au moment où les tribus de notre zone ont été jetées dans la dissidence par défaut d'appui soutien et manque de parole.

Les faits, les dates et les chiffres parlent.

Le 12 avril, l'action des Riffains se déclenche contre les tribus hésitantes de nos confins. Le 17 avril, des partisans du Riff indépendants, échauffés par des succès de pillage atteignent l'Ouergha. L'aimantation de Fez et de ses richesses attire, une fois de plus, la montagne.

Cependant, avec les rares bataillons dont il dispose, le maréchal Lyautey va réagir vigoureusement et barrer la route à l'invasion.

Le colonel Noguès couvre la position dominante de Souk-el-Arba-de-Tissa, d'où l'on aperçoit Fez, en se portant à Aïn-Aïcha, puis à Fez-Bali, en longeant l'Ouergha et en opposant la digue de ses quatre bataillons aux débordements de la dissidence. Il rejoint, à Tafrant, la colonne Colombat qui « ravitaille certains postes, en évacue d'autres, se bat avec acharnement partout ».

Pendant ce temps, le colonel Freydenberg rassemble quelques bataillons et s'efforce d'atteindre le poste de Taounat qui tient encore. Il attire sur lui le gros des forces des tribus parties en dissidence et leur oppose les tribus fidèles.

Nos partisans n'ont pas tous lâché pied. Dans la bataille du 4 mai, un secours de 400 cavaliers M'Guild nous arrive à défaut des troupes de France. Les Riffains sont chargés à revers. Ils battent en retraite, Fez est sauvé ?

*
* *

L'agression portera, maintenant, sur d'autres points, sans plan, sans méthode, accrochée au siège de tous les petits postes qui résistent héroïquement et qui permettent aux renforts d'Algérie de venir à la rescousse.

Pendant tout le mois de juin, la lutte autour des blockhaus continuera. Elle retarde l'ennemi, mais elle épuise nos hommes. En un mois, elle a coûté 1.400 tués, blessés ou disparus et c'est le moment où dans l'ordre du jour du 23 juin, la Chambre prend en considération « le libre développement des populations riffaines ».

Qu'on les laisse se développer et elles auront bientôt pris Taza, fait leur jonction avec les Rhiata encore indécis et les Aït-Tseghrouchen jamais soumis. Dès ce moment, elles auront rejoint l'ancien parcours de Bou-Amama et pourront ventiler le Sud Oranais.

Mais le général Daugan a pris le commandement du front nord qui dispose, en tout, de 35 bataillons pour défendre un front de 300 kilomètres. Le récit des opérations de ces colonnes, groupe Defrère, à Ouezzan, groupe Colombat, à Fez-el-Bali, groupe Cambay, dans la région de Kiffane, constituerait la partie héroïque et miraculeuse de la guerre.

Toutes nos forces étaient en ligne avec les contingents d'Algérie (15 bataillons). Notre réserve générale laissée à Fez ne dépassait pas deux bataillons et deux batteries.

L'amrar, le chef de guerre, faisait alors annoncer dans tout le Maroc, la prochaine arrivée du sultan du Riff, libérateur et victorieux. Ses émissaires, habilement camouflés, se répandaient sur tous les marchés. Il n'avait pour le contrarier dans son ambition que la répugnance des citadins au pillage, le prestige énorme du Maréchal, gage de stabilité politique, le loyalisme du Sultan héréditaire, et les renforts algériens qui venaient maintenant combler les vides des combats.

Une brusque décision militaire pouvait seule sauver Abd el Krim. C'est alors qu'il fit donner à plein tous ses contingents, en s'efforçant de couper la voie de ravitaillement Oudjda-Fez et en menaçant l'Algérie dégarnie. La prise de Taza devient la clé de voûte de son plan d'invasion et de soulèvement.

IV

« *Ce sont alors*, dit le rapporteur au Sénat, *du 2 au 6 juillet, les journées les plus tragiques de la guerre* ».

Sous la poussée riffaine qui terrorise les populations, le 3 juillet, les grandes tribus des Tsoul et des Branès, en bordure de l'Inaouène, font défection et rendent les communications très précaires.

Le Maroc va-t-il être perdu ?

La situation paraît désespérée. Taza n'a plus que pour huit jours de vivres ; Fez retient pour toute garnison deux compagnies de zouaves. Le général Cambay se sent débordé. Il voudrait sauver sa colonne et ses possibilités de manœuvre. L'évacuation de Taza est proposée, commencée. Le maréchal s'oppose à l'abandon de la place; inébranlable sur son rocher, elle ne saurait être abordée de front si les Rhiata ne la prennent pas sous leur feu plongeant. Mais les Rhiata n'ont pas bougé depuis leur soumission au général Aubert. On ne peut pas abandonner Taza sans livrer cent lieues de pays, sans ouvrir l'Oranie aux incursions des harkas volantes et sans étendre tellement la ligne de feu que les secours deviendraient illusoires. Il faut tenir et vaincre sur un point précis pour limiter le champ d'action et empêcher l'irréparable.

Le général Daugan reçoit les ordres du maréchal et donne ses instructions :

« *Tenir le plus longtemps possible sur la ligne en avant de Taza. Se faire tuer sur place en attendant les renforts qui pourront arriver dans huit jours. En cas d'impossibilité absolue, se replier sur Taza, ne l'abandonner à aucun prix, et dans la mesure du possible, couvrir la route de Fez* ».

Cet ordre du jour est communiqué dans la nuit du 4 au 5 juillet.

Les troupes mobiles des autres secteurs sont en même temps routées sur Taza par une manœuvre hardie que le succès couronnera.

« Il y va du salut du Maroc » a dit le Maréchal.

Par la force des choses et la pénurie d'hommes, l'ouest et le centre sont dégarnis. Il se produira des infiltrations jusque dans le Gharb. Mais Adb el Krim a compris, de son côté, qu'il jouait sur un point donné la partie décisive, car ce rusé Berbère est un guerrier racé.

Il a donc cherché à manœuvrer la dissidence, à la grouper. Il essaye, d'autre part, d'attirer à lui les montagnards farouches de la tache de Taza, encore insoumis, et de les porter à l'offensive. Si son appel est entendu, nous serons pris entre deux feux. Mais l'orgueil de ces Berbères isolés dans leur montagne, les empêche de rallier les étendards d'Abd el Krim, dont ils veulent ignorer la puissance ambitieuse. Ils craignent de se donner un maître, ils ne répondent pas au canon de la Moulouya. Taza, débloquée, n'aura rien à craindre de leur part jusqu'au jour où ils seront, à leur tour, attaqués et soumis, en juin-juillet 1926, à la suite de la reddition de l'amrar riffain.

Cette réduction de la tache de Taza nous coûtera, à ce moment, des pertes sévères, malgré l'importance des groupes d'opération. Nous n'en parlons, maintenant, que pour montrer de quelle importance eût été l'intervention offensive des tributs de l'Est, Rhiata, Aït-Tseghrouchen et Marmoucha, en juillet 1925.

Il convient, d'ailleurs, d'insister sur ces choses, peu connues ou négligées en leur temps, pour bien apprécier les ressorts convulsifs de la guerre, leur tension et leur détente et pour montrer le défaut de l'armature berbère.

V

Le rêve d'Abd el Krim fut de réaliser l'unité ou la fédération des tribus du Nord.

C'était là, une idée occidentale, une idée qui pouvait émouvoir les Américains. Elle ne répondait en aucune façon à l'esprit des populations jalouses de leur indépendance locale.

Quand plus tard, Abd el Krim voudra continuer la lutte, il verra les tribus se détacher de lui une à une, dès qu'on manifestera la force devant elles et qu'on leur montrera la contradiction naturelle de leurs intérêts. Elles lui retireront toute leur confiance quand il aura accepté de négocier à Oudjda.

L'idée d'assiéger Taza dépassait donc la force de cohésion et les possibilités de ravitaillement des clans ameutés.

Au lieu d'évacuer Taza on y accumula les provisions et les moyens de défense. Les caïds d'Adb el Krim avaient vu passer les convois sans pouvoir les arrêter. Les montagnards de l'Est avaient renvoyé les émissaires qui les sollicitaient. Après de furieuses attaques de jour et de nuit, à la hauteur de M'Çoun, Abd el Krim renonce à obtenir une solution sur ce point et ménage déjà sa retraite sur le Riff, où il retrouvera des forces, des vivres et des munitions.

La consigne acceptée de tenir sur place jusqu'à la mort avait sauvé notre situation et marqué le retournement du drame.

Quand, plus tard, on inondera le Maroc de troupes et d'états-majors successifs, quand on y organisera des offensives de grand style contre un ennemi insaisissable, comme s'il s'agissait de masses compactes, quand on gravira les montagnes le matin, pour en redescendre le soir, quand on multipliera les parcs d'artillerie et les magasins dans les vallées accessibles, quand on élaborera des plans qui ne seront jamais réalisés à leur heure et qui renverront à l'année suivante la marche finale, quand on aura porté les effectifs français à 142.000 hommes le 1er octobre, au lieu de 40.000 unités combattantes en avril, on aura singulièrement compliqué le problème et dépassé toutes les prévisions.

A ce moment on pourra faire remarquer, comme le fait M. Charles Dumont, que le maréchal Lyautey n'avait pas assez demandé en réclamant l'envoi de quelques bataillons en décembre 1924.

Mais si l'on considère qu'il n'obtint pas ceux qu'il voulait en temps utile, on se représentera facilement l'accueil qui eût été réservé à une demande qu'on eût pu croire excessive.

Toutes les péripéties de la lutte s'enchaînent rigoureusement dans l'histoire de la guerre du Riff, et quand on voit qu'il fallut, après une tentative de jonction avec les Espagnols, lui restituer, en octobre, le caractère d'action politique servie par la force que le Maréchal Lyautey aurait su mieux que personne lui conserver, on ne peut que déplorer l'état d'esprit et de conscience de ceux qui négligèrent les directives les mieux concertées, et cela de telle façon, que Lyautey en arriva, pour éviter toute compétition et toute discussion de prestige, à vouloir quitter le Maroc qu'il avait sauvé deux fois après l'avoir marqué de son empreinte : la première, pendant la guerre mondiale et la deuxième en brisant l'offensive riffaine avec des forces qui eussent été insuffisantes en toutes autres mains.

Ces choses ont été travesties et noyées ; mais l'histoire informée reprendra ses droits. Elle le fera sans passion, sans acrimonie, pour en dégager la leçon d'intelligence et de justice qui devrait dominer les guerres.

*
* *

Alors que la grande offensive des tribus était repoussée devant Taza, le même jour, le 6 juillet 1925, le général Naulin, réclamé par le maréchal Lyautey, lui était adjoint au titre de commandant supérieur des troupes du Maroc.

Nommé par décret, il pouvait prendre, dès le 24, le commandement des troupes d'opérations. Des renforts importants lui arrivaient. La réorganisation de nos troupes surmenées et la rentrée des tribus dans l'obédience allaient commencer. Bientôt on pourra lever des goums de soutien chez les Tsoul et les Branès de l'Inaouène, qui nous combattaient avec les Riffains. Le redressement fut remarquable.

VI

On sait que, dès le mois de juin, M. Painlevé, devenu président du Conseil, s'était transporté au Maroc en avion pour y constater par lui-même les réalités et les besoins de la guerre, de cette guerre à laquelle Paris ne voulait pas croire.

Il en revint affolé par les responsabilités du gouvernement et de l'opinion, prêt à outrepasser les renforts utiles.

On marchandait cinq bataillons à Lyautey ; on va en envoyer cent, en attendre cent autres de l'Espagne et changer le sens de la défense, jusqu'à provoquer un autre danger celui de l'inadaptation et de l'encombrement dans un pays où les routes sont rares.

La lutte contre un chef de partisans qu'on aurait pu contenir et neutraliser, nous conduira à des dépenses énormes, de l'ordre des milliards, à une association militaire avec l'Espagne et à une politique d'union latine qui nous réserve bien des surprises.

Nous aurions dû simplement considérer que nous n'avions rien à gagner dans l'affaire et que l'Espagne n'avait plus rien à y perdre. A un autre point de vue, l'idée d'opposer le vainqueur de Verdun, avec des forces dépassant les armées réunies de Charles Quint et de Francois 1er, au caïd ambitieux des Beni-Ouriaghel, reste assez déconcertante.

On donnait tant d'importance à Abd el Krim qu'on devait être mal placé, plus tard, pour lui contester un droit de représentation à la conférenee internationale d'Oujda, où on avait su l'amener par des conversations et des promesses dorées. Car, après tant de sacrifices militaires on allait employer tous les moyens de persuasion, moins coûteux après tout, que l'installation et le ravitaillement d'une armée considérable dans un pays difficile, où toutes les provisions et munitions devaient être transportées sur les hauteurs à dos de mulet.

***

La première masse de gros renforts — 12 bataillons — avait débarqué à Taza entre le 15 et le 30 juillet. Le premier soin du général Naulin fut de répartir ces effectifs et de réorganiser nos forces épuisées par une lutte surhumaine.

« Il était urgent, dit M. Charles Dumont, de donner du repos à des unités, dont certaines avaient soutenu, pendant trois mois et demi, une lutte acharnée sous un soleil de plomb et, d'autre part, d'adapter les renforts à la guerre coloniale. »

L'ennemi restait mordant, mais il n'avançait plus. Seul le gouvernement faisait tous les jours des progrès dans la voie de la grande guerre.

« L'angoisse et la gravité des événements du début de juillet, affirme M. Charles Dumont, avaient déterminé le gouvernement à confier au maréchal Pétain la mission de procéder sur place et « de toute urgence », à l'examen de la situation. »

Le rapporteur rend en même temps hommage au général Daugan, dont l'obstination farouche et la foi invincible avaient contre toute vraisemblance assuré la résistance victorieuse du front Taza-Fez.

Au moment le plus critique, le colonel Giraud, bloqué dans Kiffane avait lui aussi commencé à réagir. Sa sortie victorieuse au revers des bandes riffaines ébranla la cohésion de leur ruée sur Taza.

*
* *

Le choix du général Naulin était heureux. Il aurait su, sous la haute autorité du maréchal Lyautey, mener les opérations à un refoulement rapide de l'agression et à la désagrégation du bloc riffain.

On ne voulait rien de plus, le 16 juillet, quand sa nomination fut décidée, on n'espérait pas au delà car on tenait sagement à ne pas déborder le plan d'une action française. Un mois plus tard le Maroc ignorait encore que d'autres directives ignorées des Chambres allaient prévaloir à Paris.

Dans un télégramme du 17 août, le maréchal Lyautey informait le Ministre de la Guerre des mesures qu'il envisageait en complet accord avec le général Naulin et il concluait :

« ... *Les prévisions sont bien arrêtées. Il faut mener ces actions successives rapidement avec la volonté bien arrêtée de réaliser* avant la saison des pluies *une situation stabilisée permettant d'envisager* avant l'hiver *des rapatriements progressifs*

et écarter toute conception d'une reprise de gros efforts au prin-
temps. A cet égard l'opinion du général Naulin et la mienne
sont aussi formelles que possible. »

En Juillet et en Août, le pays et l'armée ne veulent qu'une
chose : le redressement de notre front marocain et le rapatriement des troupes inutiles avant l'hiver. Toutes les dispositions
militaires qui vont être prises visent à une action courte et bonne.

Dès le début d'août, trois groupements sont organisés, de deux
divisions chacun, avec les généraux Boichut, Marty, Pruneau. La
division marocaine, reconstituée, reste en réserve dans la région
de Fez, prête à appuyer les opérations indécises. Les régions les
plus menacées sont bientôt dégagées.

Le 16 août, la 11ᵐᵉ division achevait son débarquement à
Taza. Elle fut aussitôt utilisée pour la soumission des tribus de la
rive droite de l'Inaouène, ce qui nous donna de l'air et nous pré-
munit contre un mouvement possible des Beni-Ouaraïne, de l'autre rive qui commençaient à s'agiter. La réduction de la dissidence commença par les Tsoul. Après trois jours d'opérations
sévères elle aboutit à un revirement complet.

Dès le lendemain de leur soumission, les Tsoul nous ont fourni
des contingents contre leurs voisins Branès qui se sont, à leur
tour, portés contre les Marnissa. On pouvait continuer dans cette
voie.

Mais, dès le mois de septembre, les directives sont singulièrement compliquées du fait qu'on les subordonne à une coopération
franco-espagnole trop souvent théorique.

Aux vues les plus sages, le maréchal Pétain opposera délibé-
rément un plan de conquête du Riff pour le compte espagnol en
prévoyant un hivernage coûteux et une reprise des hostilités au
printemps de 1926, La grande guerre plus ou moins adaptée au
pays et à la situation s'installait au Maroc. Nous avons fait les
frais de cette conception impolitique devenue prépondérante dans
les conseils du gouvernement après l'entrevue du maréchal Pétain
et du dictateur Primo de Rivera en rade d'Algésiras le 21 août.
Les inconvénients qu'elle pouvait présenter pour l'avenir du
Maroc français n'ont pas empêché qu'elle fût acceptée en priorité.

L'Espagne intéressée ne manifesta d'ailleurs aucun empresse-
ment à nous suivre dans la voie où elle nous lançait. Sa coopération fût circonspecte.

La soudure sur le Kert au sud de Melila était décidée en principe, Mais quand le général Dujonchay, après un raid audacieux, se présentera sur le versant méditerranéen au début d'octobre, il n'y trouvera pas ceux qui lui ont donné rendez-vous sur le Kert et devra retourner en arrière à vive allure, pour ne pas rester isolé en pleine zone espagnole, sans autorisation de s'y fixer et sans matériel de campement durable.

Nous verrons par la suite, dans un chapitre spécial comment le 8 octobre, notre Ministre de la Guerre M. Painlevé a pu croire que la jonction franco-espagnole était un fait accompli et comment il félicita aussitôt tout particulièrement le maréchal Pétain de la réussite de son plan alors que nous allions tourner bride dans une certaine confusion. Loin de pouvoir développer sa menace offensive, « comme il avait été prévu ». le maréchal Pétain fut obligé à la retraite après avoir reçu le 15 octobre, à Taza, le message du général Primo de Rivera énonçant brièvement « les raisons qui l'avaient empêché de venir tendre la main aux Français sur le Kert ».

Les premières opérations du plan Naulin, approuvées par le maréchal Lyautey, n'avaient pas cette envergure, mais elles n'entraînaient pas les mêmes risques. Elles visaient simplement à réaliser les intentions connues du Gouvernement, telles qu'elles avaient été définies devant la Chambre et fixées par les ordres du jour, en rétablissant notre situation sans ouvrir la porte aux aventures et aux complications. Elles donnèrent dès les premiers jours les résultats qu'on en attendait et, limitées aux objectifs qu'on se proposait, elles auraient permis de conclure « comme il avait été prévu » sans entraîner les frais d'un hivernage.

*
* *

Une des caractéristiques du plan Naulin-Lyautey était l'utilisation des tribus qu'on détournait de la dissidence et qu'on transformait en partisans, en auxiliaires par la division des çofs et l'appât du gain. Nous retournions contre Abd el Krim la tactique qu'il avait inaugurée ; nous allions porter la dissidence dans ses camps par une exacte connaissance des ressorts et des nécessités qui font agir les Berbères versatiles.

Du 2 au 10 août, par une diversion habile et chanceuse, le général Naulin reprend pied dans la région évacuée d'Ouezzan ; une colonne détachée de nos forces de l'Est la colonne Freydenberg, patrouille dans le massif du Sarsar, en expulse les partisans et asssure la colonisation du Gharb.

Du 17 au 25 août, le général Naulin met à la disposition du général Boichut, les moyens d'impressionner énergiquement les Tsoul, qu'on croyait plus résistants et qui se soumettent en bloc. Il en obtient, nous l'avons dit, des contingents qui mordent sur les Branès leurs alliés de la veille et les ramènent progressivement à modifier leur attitude hostile. Grâce à ces tribus retournées, il saura, par la suite, en pleine saison pluvieuse, agir sur les Marnissa et les disloquer.

Au fur et à mesure de l'arrivée des renforts, trois groupements avaient été organisés, de deux divisions chacun. La division marocaine se reconstituait.

On commençait à respirer, à y voir clair. On pouvait manœuvrer à l'aise, coordonner les mouvements. Il semble bien — nous y insistons — qu'avec des buts limités au Maroc français, on aurait su obtenir la solution désirée avant la fin de l'automne (1).

Mais déjà en haut lieu on ne craignait pas de prendre la montagne pour un homme. La hantise d'Abd el Krim obsédait l'opinion. Le Riff semblait s'incarner dans une seule silhouette. Il ne s'agissait plus que de capturer le seigneur de la guerre paysanne.

Cette préoccupation allait nous amener à considérer notre action en liaison étroite avec celle des carabiniers espagnols. En même temps la mégalomanie d'une guerre manœuvrant 275.000 soldats coalisés, sans parler des irréguliers, s'était emparée des bureaux.

---

(1) Si on ne tient pas compte de la dualité des plans militaires, si on veut tout concilier par des formules de complaisances, on ne peut rien comprendre à ce qui s'est passé au Maroc du 15 août au 15 octobre ; on se trouve en présence de contradictions, de marches et de contre-marches ; on les constate, on ne les explique pas.

VII

Le 22 août, on attend au Maroc le vainqueur de Verdun, on sait qu'il a passé par l'Espagne, qu'il a rencontré à Algésiras le dictateur Primo de Rivera. Son arrivée va permettre de refaire et d'agrandir tous les plans, c'est-à-dire de les refaire et de perdre du temps.

Le 25 août, un conseil militaire se réunit à Fez : y prennent part le maréchal Pétain nouveau débarqué, le général Naulin, commandant les troupes engagées, le général Chambrun, commandant la place et la région de Fez. La discussion aurait dû opposer des plans qui différaient essentiellement, mais l'inégalité des grades et des attributions ne permit pas qu'il en fût ainsi. Pour ne pas contrarier brusquement les opérations en cours, le maréchal Pétain n'arrêta pas dès le premier jour l'action sur le front nord. On supposa complaisamment de part et d'autre que les contradictions seraient résolues en cours de route. Cependant le maréchal Pétain était déjà bien résolu dès ce moment à substituer son plan d'enveloppement d'Abd el Krim au redressement direct par le refoulement immédiat de la dissidence. Et comment aurait-il pu douter de la divergence de ses vues personnelles ? La lettre du maréchal Lyautey, adressée par avion au ministre de la guerre le 14 août n'était pas équivoque et il la connaissait.

« *D'ores et déjà, disait le Haut-Commissaire de la République française au Maroc, je tiens à exprimer mon adhésion complète aux vues du général Naulin consistant à écarter à priori toute pénétration profonde en direction d'Adjdir, par exemple. La raison majeure se résume en un mot : pas d'aventure,* »

Nous sommes fixés maintenant sur le véritable motif de la démission du maréchal Lyautey. *A priori*, en toute connaissance du terrain et des incidences, il avait « écarté » de son esprit les idées qui allaient inspirer le maréchal Pétain. Tout au plus prévoyait-il qu'après le redressement du front nord une action « par Kiffane et au-delà », face au Riff, pourrait être engagée à l'est.

Cette concession de pure forme parut suffisante au conseil militaire du 25 août. Elle n'avait pourtant qu'un caractère conditionnel et nous ne pouvons pas oublier que le maréchal Lyautey avait prévu le rapatriement d'une partie de nos troupes avant l'hiver en repoussant l'éventualité d'une campagne de printemps. La campagne de printemps était au contraire la grande idée du maréchal Pétain qui demandait au Gouvernement d'y préparer l'opinion, ce dont on se garda bien ; les journaux ne parlèrent que d'une offensive foudroyante au moment où l'on allait perdre le temps le plus précieux.

Sur la fin d'août, le maréchal Pétain a installé son poste de commandement à Meknès, Lyautey est à Fez, Naulin en mouvement. Quelle complication d'états-majors !

Du 11 au 20 septembre, on recommence à travailler les Beni-Zeroual sur l'Ouergha, sans pousser l'action à fond, puisque cette puissante tribu résistera encore par fractions après la chute d'Abd el Krim. A peine engagées les opérations sont arrêtées sur l'ordre du maréchal Pétain qui délègue à cet effet son chef d'état-major le général Georges. Les divisions sont déroutées en pleine progression,

Vers le 15 septembre, on reprend la partie à l'Est, en préparant l'offensive de Kiffane qui doit, en principe, consacrer notre liaison avec les forces espagnoles, mais qui n'aboutit pas à la jonction écrasante qu'on avait escomptée. Nous devons ramener en arrière nos brigades et nos goumiers.

*
* *

On se consacre alors à l'action politique en préparant pour une date ignorée la marche décisive qui ne sera plus qu'une promenade militaire en mai 1926.

On sait que la saison des pluies arrêtera les opérations. Le matériel lourd se trouvera immobilisé. On jalonne des pistes ; on installe dix-neuf camps pour l'hivernage.

L'activité dissolvante n'a pas cessé. Les tribus sollicitées dans les deux sens continuent à agir et à réagir violemment les unes sur les autres. Ce travail de partisans, de clientèles et de goums légers pourra être continué pendant la mauvaise saison à la moindre éclaircie. L'opinion métropolitaine reste mal informée de ces mouvements divers. L'utilisation des forces indigènes, dont le dénombrement ne fut jamais fait exactement, n'est cependant pas la partie la moins intéressante de la guerre du Riff.

Constatons, par exemple, que le retour des Marnissa fut amorcé par l'appui que nous accordâmes à leur ancien caïd Amar Hamidou, chassé par Abd el Krim au début de 1925 et qui put reconquérir, grâce à nous, toute son autorité.

Le fléchissement de ce boulevard du Riff s'était fait sentir en septembre. Déjà Abd el Krim ne devait plus conserver beaucoup d'illusions sur l'issue de sa guerre féodale.

*
* *

C'est alors que le maréchal Lyautey quitte le Maroc, le 10 octobre, rassuré sur l'issue militaire des opérations, mais peu enclin à se rallier à une politique franco-espagnole qui barrera pour longtemps l'écusson du Maroc.

M. Steeg lui succède et il tient à se dire le continuateur de sa pensée, à se placer sous son patronage, car il voulait retenir au bénéfice de la France une force morale supérieure à toutes les contradictions politiques.

Dès sa première visite au sultan, il marque nettement son intention de continuer par les mêmes méthodes, l'œuvre glorieuse qu'il prend en charge. En cela, comme à l'ordinaire, M. Steeg avait donné la mesure de sa souple intelligence.

Le retour du maréchal Pétain devait suivre de près l'arrivée de M. Steeg. L'expédition du Riff n'avait rien ajouté à sa gloire.

VIII

Les pluies ont interrompu nos mouvements stratégiques, sans qu'aucune solution soit intervenue et nous aurions tout le temps de réfléchir aux conséquences prochaines et futures de notre liaison espagnole.

Nous n'y songeons guère, car le souci le plus pressant est d'assurer l'hivernage des cent cinquante mille hommes qui de notre côté, doivent camper ou séjourner dans un pays où les casernes sont rares.

M. Baréty, député en mission, qui visita le front à cette époque, a pu faire des remarques utiles.

Mais ses observations et celles qui furent exposées dans la presse algérienne, n'émurent pas autrement la critique métropolitaine. Le maréchal Pétain a dû penser à tout, son grand nom est une garantie.

Après les observations de M. Baréty, nous avons cependant celles du général Aubier prenant la parole, le 9 décembre, à la réunion des Etudes Algériennes :

« Tous ceux qui ont le sentiment de ce qu'est une guerre coloniale ont été un peu étonnés de voir la façon dont on a envisagé la guerre au Maroc. Si on avait donné au maréchal Lyautey, lorsqu'il les a demandés, les renforts nécessaires, je ne pense pas qu'on aurait pratiqué cette guerre sous cette forme. Il est possible qu'à la suite de ces retards, la situation ait imposé des méthodes nouvelles ; mais ces méthodes se sont révélées très coûteuses et peu efficaces dans la région toute montagneuse du Riff. »

Le plan du général Naulin, approuvé par le maréchal Lyautey aurait diminué nos dépenses de moitié. On sait qu'il ne fut pas appliqué longtemps.

On lui substitua, le 11 septembre, les vues du maréchal Pétain qui supposaient la collaboration effective des armées françaises et espagnoles portées à 275.000 hommes dans leur ensemble et prenant les quelques milliers de réguliers riffains dans les mâchoires d'un étau. Cette métaphore trouva la meilleure presse à Paris et à Madrid. Malheureusement la vis ne fonctionna pas sur un terrain trop accidenté et la mauvaise saison isola le Riff dans un lac de boue.

M. Charles Dumont constate dans son rapport l'inaction forcée des troupes régulières et disposant de l'armement le plus perfectionné.

« L'hiver va les forcer à l'inaction. L'hivernage, la campagne du printemps coûteront des centaines de millions. »

Cependant le Riff allait évoluer singulièrement après la période de turbulence qui l'avait privé de toute réflexion.

*
* *

Quand les fourrageurs d'Abd el Krim battaient l'estrade sur nos confins et soulevaient les populations sédentaires, ils renouvelaient la vieille tactique africaine qui, pendant dix ans, avait redonné des forces à l'émir Abd el Kader. Le général Naulin avait vu, tout de suite, le parti qu'il pouvait tirer de cette tactique. Après l'arrivée de ses divisions régulières, il n'y renonça pas, car elle occupait les tribus et les intéressait à la partie.

Les hordes pillardes, prises dans un retour de fortune, eurent à constater que le fusil n'était pas le meilleur instrument de profit.

Cette raison tardive devait les amener successivement à se détacher du chef qui avait su les entraîner par le mirage de Fez et des profits immédiats.

Réduit à ses seules forces, Abd el Krim ne disposait guère que de 5.000 hommes environ et nous en avions 300.000 à lui opposer. Le retournement des tribus rendait donc sa défaite certaine.

On sait que la résistance qu'il nous opposa en mai 1926, ne fut guère qu'un simulacre. Si, à la dernière heure, au lieu de sauver ses biens et sa famille, il se fût fait tuer dans une suprême rencontre, comme il en eut, dira-t-il, l'intention, la défection de ses partisans eût réduit cet engagement aux proportions d'une escarmouche.

Pourquoi n'accepta-t-il pas, dans ces conditions, l'effacement et l'éloignement qu'on lui proposait à Oudjda, en avril 1926.

C'est qu'au moment de prendre une décision, il ne crut pas que la France se prêterait, jusqu'au bout, au jeu de l'Espagne. Il ne désespérait pas de nous amener à reconnaître la nécessité d'une modeste fédération riffaine, conforme à nos premiers buts de guerre et jouant le rôle d'un isolateur entre nous et l'Espagne.

Laissez-moi le temps d'organiser les tribus sur les bases de la paix, nous faisait-il dire 'à Oudjda, et je me retirerai. Nous n'étions pas éloignés de reconnaître ce qu'il y avait de juste et de pratique dans sa manière de voir, mais l'orgueil espagnol exigeait la capture et l'exhibition à Madrid, de celui qui l'avait humilié.

La délégation espagnole en arrivant à El Aïoun, le 21 avril, réclama, pour le moins, l'abdication immédiate du chef riffain et son éloignement des pays d'Islam. Cette clause, qu'on n'avait pas encore formulée dans les préliminaires du général Mougin, ne fut communiquée aux délégués riffains Azerkane, Haddou et Cheddi, qu'après l'ouverture de la conférence.

De ce fait, les pourparlers qu'on eût pu croire réglés d'avance, subirent un temps d'arrêt, car tous les plénipotentiaires, y compris les nôtres, devaient attendre de nouvelles instructions. Ce n'était pas encore la rupture, mais on ne savait plus où on allait.

*
* *

Nous avons suivi sur place, du 18 avril au 7 mai 1926, cette curieuse conférence d'Oudjda, où la presse américaine s'était fait représenter avec les journaux de Paris, de Madrid et de Londres et nous pourrions nous reporter à nos bulletins journaliers de *La Dépêche Algérienne* pour en rappeler les péripéties.

Les informateurs en venaient à se demander si nous maintiendrions les conditions premières de la réunion, élaborées depuis longtemps, ou si nous abandonnerions la conduite des négociations à l'Espagne qui, cette fois, prenait les devants sur le terrain diplomatique, sans avoir égard à nos décisions intérieures.

Finalement, les négociations furent ouvertement rompues ; mais, reprises dès le lendemain, sur un autre plan, « avec le consentement empressé et perspicace de M. Steeg », par M. Parent et le docteur Gaud qui s'étaient rendus en mission près d'Abd el Krim.

*
* *

A Oudjda, pendant trois semaines, rien ne fut plus curieux que la confrontation de ces trois délégués paysans, vêtus de la djellaba de grosse laine rayée et portant occasionnellement des chaussettes à tirants élastiques, avec les délégués militaires et les représentants diplomatiques de la France et de l'Espagne. Leur physionomie resta toujours souriante, comme on peut le voir d'après les clichés photographiques.

Quand la discussion prenait une tournure conciliante, les Espagnols émettaient de nouvelles prétentions qui la faisaient rebondir. Nous eûmes à enregistrer et à expliquer de notre mieux ces reprises déconcertantes.

On a parlé de la duplicité d'Abdel Krim. Notre impression après la rupture fut qu'il avait été joué. Si la conférence avait abouti, la campagne de printemps eut été inutile. On s'arrangea de telle sorte qu'elle se déroula comme un scénario de grandes manœuvres dans un cadre de montagnes presque désertes et qui ne furent défendues, sur notre versant, que par quelques partisans fanatiques.

Dès qu'il eût accepté de traiter des conditions de sa soumission, Abd el Krim devait savoir qu'il allait perdre toute autorité sur les tribus de sa fédération. Sa dernière ruse fut de résister assez sur le front espagnol pour empêcher ses hommes de lui sauter à la gorge. Déjà nous nous tenions prêts à favoriser son évasion.

En nous quittant, Haddou nous avait dit : « Nous reviendrons ». Et ils revinrent prisonniers mais saufs.

*
* *

A Fez, dans les milieux indigènes où nous fîmes une enquête, on professait — et nous l'avons écrit — que la conférence d'Oudjda n'était pas une chose sérieuse puisque le Sultan n'y était pas représenté, ce qui eût favorisé le protocole de la soumission du « rebelle ».

Bref, on sait que tout fut rompu parceque rien ne pouvait s'arranger au gré de l'Espagne qui tenait enfin sa victoire et la voulait complète.

*
* *

Pendant que les troupes françaises se mettaient en mouvement, le 7 mai, avec les moyens les plus puissants, sans rencontrer une résistance sérieuse, on allait commander à Rabat les vêtements de rechange réclamés par Abd el Krim, pour la mise en liberté de nos prisonniers qu'il allait renvoyer dans nos lignes, après leur avoir offert le champagne, avant de se livrer lui-même.

Quand on le croit disposé à mener la lutte avec acharnement, quand il la soutient sur le front espagnol, il déconcerte les prévisions militaires en faisant porter à Fez, par M. Parent, la lettre où il déclare à M. Steeg qu'il va se rendre à merci, qu'il s'abandonne sans conditions à la générosité française et qu'après avoir libéré ses prisonniers — ce qui eut lieu le 25 mai — il se rendra avec sa famille aux avant-postes de nos troupes.

Il s'y présenta en effet, le 27 mai.

On sait qu'une escorte militaire lui fut accordée au point de jonction, près de Targuist, pour le protéger avec le convoi de ses bagages que chargeaient deux cents mulets.

A ce moment, l'ordre du jour rendit hommage à son courage.

Tous les détails de cette reddition avaient donc été soigneusement concertés et elle ne surprit pas autrement ceux qui avaient connu le véritable état d'esprit de ses délégués à la conférence.

Ad el Krim, en s'abandonnant à notre clémence, avait réussi à sauver la face de sa résistance et à déjouer le calcul espagnol. C'est en vain que l'Espagne insista ensuite à Paris pour que notre prisonnier lui fût livré.

IX

M. Charles Dumont, dans son rapport du 10 décembre 1926, condamne sévèrement le système des « petits paquets » et, par la suite, celui des trop pesants effectifs, car il convient d'observer en tout une mesure qui peut échapper aux mathématiciens.

Comment a-t-on pu se laisser entraîner à des abus de renforts mal composés ? C'est évidemment qu'on les avait mesurés trop chichement au début et sans discernement. Mais réduire la conduite d'une guerre à des proportions de chiffres ne fut jamais un bon calcul.

Et puis, il semble bien qu'on perdît de vue les buts de la guerre. Au commencement, on ne parlait d'Abd el Krim que comme d'un caïd entre les caïds et par un miracle de grossissement il devint à la fin toute la question du Riff.

Cependant, même après sa chute il fallut obtenir, en pleine zône française, la soumission des Beni-Zéroual.

*
* *

Etrange histoire que celle des volte-face de cette tribu ! Si sa politique était analysée, elle éclairerait l'origine de la dissidence et nous montrerait le fond de la politique berbère.

Que la tribu ait été sollicitée de tous les côtés, cela n'est pas douteux. Après avoir résisté aux Riffains en 1924, elle a cédé, en 1925, parce qu'elle manquait d'un soutien opportun. Alors le cof du marabout d'Amjot a connu la disgrâce, le parti de la guerre l'a emporté ; et c'est par crainte du retour de l'ancien clan qu'il s'obstina à lutter après la reddition d'Abd el Krim.

En mai 1926, l'union sembla même se faire pour la résistance et nous trouvâmes contre nous des fractions qui étaient encore avec nous en 1925. Mais, quand le pays fut attaqué sur ses deux ailes et encerclé, nous obtinmes sa soumission presque sans combat.

*
* *

Après cela, de juin à septembre, en profitant du matériel et des effectifs de guerre qui dépassaient encore cent vingt mille hommes, nous avons tenu à réduire les îlots de dissidence qui constituaient sur la carte du Maroc soumis la « tache de Taza ».

On sait que les montagnards qui habitent ce monde à part n'avaient pas répondu à l'appel d'Abd el Krim quand l'amrar ruait la dissidence vers la Moulouya et l'Algérie. Seuls les Beni-Ouaraïne avaient fait savoir aux Riffains que, s'ils se présentaient au bord de la route de Taza à Fez, ils leur donneraient la main.

Cependant, un ébranlement à distance se fit sentir.

Dès que l'agression riffaine eût été comprimée, les tribus de l'Est, opérant pour leur compte et par petits groupes, manifestèrent une agitation inquiétante.

Dans l'hiver 1925-1926, leurs attaques contre nos postes de surveillance se multiplièrent et M. Charles Dumont n'hésite pas à écrire, en connaissance de cause, que « nous avons alors perdu plus d'officiers autour des deux taches de Taza et aux sources de l'Oued Abid que sur le front riffain », ce qui ne fournit d'ailleurs pas un chiffre précis, car on sait que les forces supplétives (indigènes) furent souvent seules employées à des opérations restreintes sur la limite de nos cantonnements.

La réduction du massif de Tichoukt, habité par quatre cents familles Aït-Tseghrouchen, accrochées sans agglomérations à des promontoires escarpés, fut décidée en juin 1926. Elle nécessita l'assaut de sept bataillons sous la direction du général Vernois, mais elle ne les retint que trois jours (24-26 juin), après quoi un seul bataillon, au lieu de cinq, fut laissé à la garde du plateau.

La grande tache de Taza, qui s'étend plus au Sud, entraîna des opérations importantes et meurtrières. Sa haute chaîne montagneuse de 35 kilomètres de long sur 20 de large, convulsée et ravinée, se présentait comme un immense bastion farouchement défendu par 3.000 fusils. Contre cette citadelle géographique, on fut amené à faire marcher deux divisions et des forces supplétives.

« L'offensive avait été préparée par de puissants bombardements d'aviation, ainsi que par des tirs de harcèlement d'artillerie. » Malgré cela, les opérations furent dures et coûteuses. Le groupe Freydenberg rencontra une résistance acharnée en pays

Marmoucha. A la fin de juillet, 3.000 familles sur 3.350 s'étaient rendues. Les 350 irréductibles s'étaient dispersées vers le Sud. Quelques-unes poussèrent jusqu'au Tafilalet.

« En septembre, tout était redevenu calme, constate le rapport officiel. »

On voit par ce bref résumé de quel appoint redoutable eût été l'adhésion de ces bandes montagnardes à la fédération riffaine.

M. Charles Dumont a donc justement considéré que la guerre du Riff avait représenté à un moment donné « le plus grand péril qu'ait couru l'Afrique du Nord française. »

X

Nous connaissons maintenant toutes les phases de la lutte mouvante et nous pouvons en apprécier le caractère. En y réfléchissant, on sera conduit à modifier, en ce qui concerne le Maroc, quelques dogmes reçus sur la résistance des peuples et sur les ressorts de leur action.

La notion du patriotisme national, telle qu'elle s'est développée en Europe et en Amérique, n'a pas encore pénétré l'âme des tribus qui constituaient hier encore le « bled essiba », Mais cela ne veut pas dire que leur instinct de la liberté soit moins vif.

Ernest Renan a écrit sur la démocratie berbère des pages d'une intelligence profonde, en montrant à quelles extrémités pouvait conduire le sens municipal des franchises et l'esprit de clan.

On relirait encore utilement à ce propos les commentaires romains, et, plus près de nous, la Vendée illustra un esprit réfractaire en repoussant la religion nouvelle des « Patriotes ».

En principe, les Riffains pouvaient être considérés, eux aussi, par la puissance protectrice comme des « rebelles » à l'autorité du Sultan. Cette thèse a été portée vingt fois à la tribune. On la retrouverait dans toutes les déclarations ministérielles. Elle eut une valeur protocolaire que nous ne contestons pas. Mais, d'aucune façon, ces « rebelles » n'avaient été dans le passé matériellement soumis au Makhzen. Ils ne reconnaissaient le Sultan qu'au titre religieux et, brusquement, nous les avons soumis à l'Espagne dont ils avaient repoussé la domination étrangère à leurs mœurs, à leurs aspirations, à leur foi, à leur histoire.

Jusqu'à quel point aurons-nous forcé le cours des choses ? Tout dépendra de l'Espagne, de ses procédés d'administration et de culture.

Quand on publiera les papiers d'Abd el Krim que nous avons saisis et dont on commence à parler sur la foi de ceux qui les ont vus, on y trouvera sans doute la justification de ses dépenses de guerre, qui furent nécessairement d'un ordre assez élevé. On saura alors d'une façon encore plus précise que l'or espagnol afflua dans le Riff par centaines de millions et que les dépôts de munitions surpris ou livrés, la déroute des escortes, la panique des troupes déterminèrent par la profusion des outils le métier de la guerre, qui détourna les tribus berbères de leurs occupations agricoles et en faisant miroiter à leurs yeux d'autres bénéfices que ceux de la charrue.

Nous n'avons pas eu à lutter contre un patriotisme marocain exalté dans la défense du sol. Mais ce sentiment peut à la longue se développer dans un pays qu'on guérirait de ses querelles intestines et qu'on amènerait à une autre vue du vaste monde que l'horizon de la tribu. L'exemple des Turcs suffit à le prouver.

*
* *

Aussi longtemps qu'Abd el Krim joua le rôle d'un chef de guerre, les nations étrangères ont pu se méprendre sur son caractère, car on ne sait jamais comment finissent les aventures de cette sorte. On vit donc les aventuriers et les émissaires secrets se multiplier autour de lui. Qu'il ait favorisé les ambitions et avivé les appétits de ces commis voyageurs par des promesses, cela est vraisemblable. Des primes assez élevées ont dû être payées en échange des concessions possibles.

Ces calculs internationaux ont été déjoués par la défaite de l'amrar. Leur secret enfin découvert nous fournirait des indications sur la psychologie des groupes industriels.

*
* *

On ne saurait trop méditer les enseignements pratiques de cette guerre surprenante qui retient aujourd'hui plus que toute autre l'attention des Américains, en vue des difficultés qui les attendraient au Mexique.

Ces enseignements sont nombreux ; ils n'ont pas toujours été bien compris.

L'Espagne en est restée aux colonnes punitives, Mais que vaut la punition sans l'organisation ?

*
* *

Dans la campagne de mai 1926, les pertes du côté français se sont élevées seulement à 100 tués et 200 blessés. « Pertes deux fois moins lourdes, dira M. Charles Dumont, que celles qu'en 1925 nous éprouvions pour ravitailler un poste dans le massif de Bibane. »

Mais on peut opposer à ce calcul la « casse » considérable que nous dûmes subir dans le massif de Taza en juin-juillet 1926. Les conclusions générales sont donc à réserver quant à l'emploi des effectifs puissants qui peuvent décourager l'adversaire, mais qui offrent en même temps une cible plus large à l'ennemi embusqué et protégé par la montagne.

La véritable leçon de cette expérience inouïe devrait être de nous ramener aux principes mêmes de notre protectorat et à la conscience sereine des buts que nous poursuivons dans l'Afrique du Nord.

Fondateur de notre protectorat et rempart de notre domination nord-africaine, deux fois menacée par la guerre, le maréchal Lyautey a sans doute caressé longtemps l'espoir de rallier tout le Maghreb à notre influence par des méthodes de conquête constructive, le respect de son histoire et de ses traditions.

M. Steeg a pu avoir, lui aussi, la pensée de faire d'Abd el Krim un « grand caïd du Nord ».

Désormais, l'empire chérifien se trouve contrarié dans ses espoirs de cohésion par le couronnement espagnol.

C'est là un fait acquis qui commande l'étape au cours de laquelle nous semblons avoir oublié notre point de départ et notre but lointain.

Le dictateur Primo de Rivera se défendait naguère de vouloir occuper le Riff ; il en avait ordonné l'évacuation, et maintenant il réclame Tanger comme conclusion logique de l'appui que nous lui avons prêté. Nous ne pouvons pas méconnaître la tendance d'une diplomatie méditerranéenne si curieusement ourdie et qui n'en est encore qu'à ses débuts.

Le jeu se modifiera nécessairement avec les circonstances. D'une façon permanente les alluvions ethniques auront aussi leur importance dans la formation des peuplements,

*
* *

Plus que jamais, nous sommes donc amenés à constater que nous devons pratiquer une politique de cadres résistants et de directives intelligentes si nous voulons continuer à régir l'empire nord-africain en lui assurant les bénéfices de la paix.

En dépit de toutes les contradictions apparentes, nous ne saurions perdre de vue la vérité géographique. Il n'existe qu'un seul Maroc, et nous y avons acquis plus de droits par nos sacrifices qu'aucune autre puissance.

Si nous ne nous élevions pas à des considérations de cet ordre, nous resterions en face de la conclusion sévère de M. Charles Dumont quand il constate, à la dernière page de son rapport, que *des milliers d'hommes EN TROP ont souffert et sont morts pour qu'Abd-el-Krim fût vaincu.*

Un moment décisif

Le lieutenant-colonel Laure vient de publier « La Victoire Franco-Espagnole dans le Riff. » C'est là un titre assez grave quand on sait comment les Espagnols, remis en possession par nos soins, se hâtèrent d'exploiter la situation contre nous en réclamant Tanger, c'est-à-dire la tête du Maroc.

Notre intention n'est d'ailleurs pas d'entrer dans la critique détaillée d'un livre où les contradictions abondent et qui se recommande surtout par un manque de perspectives dans la distribution des rôles. Négligeant le travail militaire et politique fait en dehors d'un plan éventuel qui ne décida de rien, l'auteur en arrive à ne considérer que « la campagne foudroyante de mai 1926 menée devant des adversaires, se défendant en désespérés. » Plus justement, le ministre de la guerre avait pu inscrire au « Journal Officiel » du 29 mai, dans la citation du général Boichut, que la capitulation d'Abd-el-Krim — dans les conditions où elle se produisit — avait été « une victoire obtenue presque sans pertes. » Or, on peut bien penser que si la préparation politique n'avait pas aplani les voies de la montagne, il en eut été autrement. On connait également le rôle des émissaires de M. Steeg après la Conférence d'Oudjda et comment ils obtinrent qu'Abd-el-Krim, abandonné par ses partisans s'en remit à la générosité de la France.

En se rendant à la Conférence d'Oudjda pour y traiter de la paix sur des bases définies et qui comportaient l'éloignement d'Abd-el-Krim, les délégués riffains avaient ébranlé le prestige moral du « maître de leur pouvoir ». La résistance à notre avance ne fut que de pure forme et ne comporta aucun engagement sérieux. Toutes les tribus se dérobèrent une à une. Dans ses notes de mai 1926, le lieutenant-colonel Laure constate cette évolution subite :

« Le Berbère vole au secours de la victoire, ecrit-il et nous somme victorieux... Les tribus du front, pleinement rassurées sur nos intentions, nous appuient de tous leurs moyens, malgré leurs lassitude et les charges nombreuses qui pèsent sur elles depuis un an. »

Ce retournement des tribus n'était pas un fait nouveau. Nous avons vu précédemment, dans l'étude sur la guerre du Riff, comment il avait été amorcé dès le mois d'août 1925, suivant les directives du plan Naulin-Lyautey entraînant successivement les Tsoul, les Branès et les Marnissa.

Le caïd Medbod, des Gheznaïa, et le caïd Amar Hamidou, des Marnissa, marchent avec nos avant-gardes, écrit simplement le colonel Laure.

Ce retour des tribus marocaines est un fait à considérer, à méditer. Mieux soutenues par nous au début, comme le demandait le maréchal Lyautey, depuis l'année 1924, elles n'auraient pas bronché ; la dissidence n'eût pas mordu sur notre front. A l'avenir, à moins de prévoir une nombreuse et très coûteuse occupation militaire, il importera que nous puissions compter sur nos tribus.

Quand M. Steeg, dans son discours récent de la Conférence Nord-Africaine, rendait hommage au génial Lyautey « grâce à qui le protectorat avait grandi pendant la guerre mondiale », et quand il lui adressait le salut et les vœux de la Conférence, il entendait se réclamer de sa doctrine marocaine comme il l'a toujours fait. C'est apparemment qu'elle a encore du bon à l'heure actuelle.

« Grâce à lui disait-il, la doctrine coloniale de la Troisième République présentait au monde une preuve éclatante de son humanité. »

M. Steeg, intelligent et avisé, a voulu reprendre la tradition positive de son glorieux prédécesseur.

Le maréchal Lyautey savait qu'entre la France et l'Espagne, il existe une contradiction formelle de doctrine coloniale. Il ne voulait pas lier notre action vivante à un cadavre. Désormais nous traînerons un poids lourd.

*
* *

Le choix du général Naulin était heureux, disions-nous. Il aurait su, sous la haute autorité du maréchal Lyautey, mener les opérations à un refoulement rapide de l'agression et à la désagrégation du bloc riffain.

On ne voulait rien de plus au moment de sa nomination (6 juillet 1925), car on tenait encore sagement à ne pas déborder les cadres de notre action nationale. L'idée de tirer les marrons du feu pour le compte de l'Espagne ne nous était pas encore venue.

Dans un télégramme du 17 août, succédant à une lettre du 14 août transmise par avion, le maréchal Lyautey avait fait connaître au Ministre de la guerre, les mesures qu'il envisageait pour le rétablissement de notre front, conformément aux indications politiques du gouvernement et aux ordres du jour de la Chambre.

... Les prévisions sont bien arrêtées, disait-il. Il faut mener ces actions successives (sur les tribus dissidentes), rapidement, avec la volonté bien arrêtée de réaliser avant la saison des pluies, une situation stabilisée, permettant d'envisager avant l'hiver des rapatriements progressifs et écarter toute conception d'une reprise de gros effort au printemps. A cet égard, l'opinion du général Naulin et la mienne sont aussi formelles que possible.

Une autre conception militaire et politique s'opposa à celle-là le 25 août, à Fez, dans un Conseil tenu au palais de Bou-Jeloud.

Le général Naulin et le général de Chambrun exposèrent et soutinrent le plan de redressement proposé au gouvernement par le maréchal Lyautey.

Le maréchal Pétain prit ensuite la parole. Il avait quitté Paris le 18 août ; mais en cours de route, le 21 août, en rade d'Algésiras, il avait pris contact avec le général Primo de Rivera. Sans contredire formellement le plan Naulin-Lyautey, en acceptant de ne pas le contrarier dans son heureux commencement d'exécution, il lui superposa un projet de coopération franco-espagnole. Il s'agissait de prendre la montagne dans les mâchoires d'un étau, d'encercler le Riff avec des effectifs grandioses, amenés et entretenus sur place pendant l'hiver, pour être prêts à entrer en campagne au printemps,

Les perspectives d'avenir qu'il découvrait ainsi, dépassaient évidemment le stade du redressement. Elles avaient été secrètement concertées dans une conférence politique qui ne pouvait être celle des chefs militaires.

Le maréchal Pétain apportait avec lui un fait nouveau, une orientation inattendue. Il était arrivé nanti d'instructions et de directives ignorées du maréchal Lyautey et contraires aux indications de la lettre du 14 août et du télégramme du 17.

En quittant Paris, le 18 août au soir, le maréchal Pétain avait reçu copie des deux documents du résident général. Il en avait pris connaissance dans le rapide de Marseille.

Le lieutenant-colonel Laure, qui l'accompagnait, note à ce propos ;

« Le maréchal Pétain manifeste quelque inquiétude à la première lecture de ces documents qui semblent venir directement à l'encontre de ceux qu'il a établis lui-même dans les journées précédentes et des indications qu'il a données au gouvernement avant son départ de Paris, tout particulièrement en ce qui concerne la nécessité :

— d'agir offensivement plutôt à l'est qu'au centre du front ;

— de rechercher une progression profonde en collaboration avec les Espagnols vers les centres vitaux du Riff pour y écraser la rébellion dans ses repaires ;

— de sérier les problèmes pour être sûrs de les résoudre plus radicalement et à cet effet de ne viser présentement que la conquête des bases d'où s'effectuera cette progression, d'équiper et de développer ces bases au cours de l'hiver, de ne compter sur une opération décisive qu'au printemps suivant ;

— de préparer, en conséquence, l'opinion publique à la conservation des effectifs du Maroc, pour une assez longue durée.

Quand il se présenta au Conseil militaire de Fez, le 25 août, le maréchal Pétain avait donc fait son siège et pour longtemps.

Cependant le gouvernement ne fit rien pour préparer l'opinion à une solution retardée qui multipliait les gros frais. Les journaux bien informés bercèrent l'opinion de l'espérance d'un succès immédiat : La métaphore de l'étau sembla toute puissante.

Plus tard, quand les indécisions espagnoles se précisèrent, on intensifia l'action politique sous la direction de M. Steeg, avec le concours du général Mougin et du contrôleur Gabrielli. Les tractations engagées avec les émissaires riffains devaient aboutir à la Conférence d'Oudjda, en avril 1926. Par la publicité donnée à ces pourparlers, on désarma moralement Abd el Krim et, à ce moment, l'exécution du plan militaire de coopération franco-espagnole, tenu en réserve, ne rencontra plus sur notre front que l'ombre d'une résistance.

Comme on le voit, dès le 25 août 1925, une nouvelle politique s'était installée au Maroc. Ce n'était plus celle de Lyautey et ce ne devait pas être celle de Pétain.

En conséquence, dès le 28 août, le maréchal Lyautey s'embarqua pour Paris, où il put se convaincre de la nouvelle orientation donnée à notre Protectorat associé.

Dans sa lettre du 14 août, il avait été très net. Nous la citerons encore une fois :

« Dores et déjà, disait-il, je tiens à exprimer mon adhésion complète aux vues militaires du général Naulin, consistant à écarter à priori, toute action profonde en direction d'Adjdir par exemple. La raison majeure se résume en un mot : pas d'aventure.

« Je n'ai pas besoin, disait-il encore, d'ajouter que ce point de vue a toujours été le mien. Je vous l'ai exposé en particulier dans mon rapport du 20 décembre dernier ».

Du moment que nous voulions courir les risques de l'association espagnole, le maréchal Lyautey ne pouvait pas continuer son œuvre, telle qu'il l'avait conçue et menée à bien si longtemps en réservant l'avenir.

Son intention de démissionner fut immédiate ; il sut la différer jusqu'au moment où la désagrégation de la dissidence entreprise par le général Naulin et par notre service des renseignements, fut assez visible pour ne plus lui laisser de doute sur le rétablissement de notre front, conformément à ses directives.

A ce moment (fin septembre), le lieutenant-colonel Laure écrit :

« Le maréchal Pétain apprend cependant une nouvelle fort attristante : le maréchal Lyautey, avec qui il comptait partager la joie du succès, vient d'adresser au gouvernement une lettre de démission aux termes de laquelle il fait ressortir que le Maroc étant désormais sauvé, l'heure de la retraite et du repos a sonné pour lui ».

Le maréchal Pétain aurait pu être moins surpris de cette démission stoïquement retardée, qui couronnait l'unité d'une doctrine claire et d'une action concluante.

Plans d'action

Deux thèses s'étaient affrontées le 25 août 1925 au Conseil militaire de Fez. On s'efforça, tout d'abord, de concilier le plan Naulin-Lyautey en bonne voie d'exécution avec les directives nouvelles du plan Pétain. Mais, en réalité, le but de guerre n'était plus le même. Jamais le Parlement n'avait déjà été appelé à se prononcer sur une soudure franco-espagnole du genre de celle qui allait momentanément dérouter notre action de redressement et reporter l'offensive à une date indéterminée.

Il n'est pas sans importance de considérer comment le plan Naulin-Lyautey qui assurait un redressement immédiat de notre front, fut abandonné au bénéfice du plan Pétain qui avorta en octobre et qui détermina l'hivernage des troupes et la mise en pratique du plan Steeg.

Le 27 août, deux jours après le Conseil de Fez, le maréchal Lyautey faisait savoir aux services marocains qu'il passait le commandement militaire au maréchal Pétain en laissant à M. Urbain Blanc l'intérim des affaires résidentielles.

Le 28, il s'embarquait pour Paris, où il put se rendre compte de l'évolution des vues gouvernementales. Son intention de démissionner, dès que le redressement de notre front serait assuré conformément à ses directives, semble avoir été prise dès ce moment. Mais rien n'en transpira. Les troupes et l'opinion ne soupçonnèrent pas à ce moment l'importance de notre changement de tactique.

Les ordres devant assurer l'exécution du plan Naulin-Lyautey n'avaient pas été rapportés. On laissa des forces considérables s'engager au nord de Fez, contre les Beni-Zéroual, avant de les virer à l'est.

La situation du commandement ne comportait donc pas sur la fin d'août, de contradiction visible, car le télégramme Lyautey, du 17 août, réservait la possibilité ultérieure d'une avance sur Kifane et au-delà.

*
* *

Le soir de l'embarquement du maréchal Lyautey (28 août), le maréchal Pétain avait installé son poste de commandement à Meknès, dans la blanche résidence que hantait encore l'ombre du brave Poëymirau, premier pacificateur du Tadla et de la région d'Ouezzan.

Le général Naulin surveillait sur place l'exécution de ses ordres de reprise en main des tribus dissidentes.

Pour trouver les forces qu'il voulait porter à l'Est, le maréchal Pétain avait besoin des troupes engagées au nord de Fez. Il se préoccupait surtout de la liaison avec l'armée espagnole et de l'organisation de ce qu'il regardait comme l'action principale.

En vain, le colonel Paquin, chef d'état-major du général Naulin, fit-il observer qu'il serait fort difficile de dégarnir le centre pour renforcer l'Est, de façon à désaxer l'action en septembre.

« Le général Georges lui donne alors à entendre, écrit le lieutenant-colonel Laure, que la volonté du maréchal Pétain à cet égard est formelle et que d'importants prélèvements devront être faits à partir du 20 septembre, sur les troupes ayant participé à l'affaire Beni-Zeroual. »

Le mouvement commencé fut donc abandonné pour être repris en mai 1926. Nos forces, portées dans le secteur de Kifane, tentèrent alors d'opérer leur jonction avec les troupes espagnoles, mais l'action avait été mal concertée. Les Espagnols, occupés par ailleurs, ne se dérangèrent pas. Leur carence nous laissa le pied en l'air et loin de nos bases d'approvisionnement, dans un pays qui n'offrait aucune ressource. Que pouvions-nous faire ? Le maréchal Pétain dut revenir sur ses instructions et remettre à plus tard l'exécution de son plan, comme il avait remis l'exécution du plan Naulin-Lyautey.

Après une rapide avance, le 8 octobre, nous dûmes abandonner la vallée du Kert et ramener en arrière la colonne du Jonchay, puis dégager les brigades Durand et Duffour.

Après onze jours de marches et de contre-marches, le mouvement se stabilisa à Souk-es-Sebt. Le combat du 18 octobre en marqua la dernière phase.

Le colonel Laure raconte ainsi la journée :

« Le retrait de ces deux brigades s'effectue dans la journée du 18. Il ne donne lieu à aucun incident tant que ce rassemblement et les premiers mouvements semblent ne correspondre qu'à une manœuvre locale ou à un changement des positions occupées par nous immédiatement au Sud du Kert. Mais à partir du moment où la retraite en direction du Sud-Est ne peut plus être dissimulée, les dissidents Beni-Younès de la vallée du Kert et Beni-Mohammed des hauteurs du Sud du Kert essaiment hors de leurs repaires et assaillent les flancs des deux brigades et leurs arrière-gardes. De vifs combats s'engagent qui se développent à notre avantage. Au moment où le décrochage de nos forces est sur le point de se terminer en bon ordre, interviennent sur le lieu du combat des éléments des goums algériens envoyés par le général Dujonchay, d'Aïn-Amar sur les abords est de Bou-Inoud, pour protéger le repli des brigades Durand et Duffour. Une réelle confusion en résulte pendant quelques instants. Le général Durand et le colonel Duffour s'emploient à rétablir l'ordre, à réorganiser le jeu des échelons de marche et de feu, à assurer le commandement des divers groupes. Les dissidents profitent de cette circonstance favorable pour réitérer leurs attaques, et, afin de leur en imposer, une batterie de montagne de la brigade Duffour prend hardiment position à l'arrière-garde, malgré la proximité des assaillants : elle remplit son office, permet à l'infanterie de se dégager, mais elle est elle-même presque complètement entourée et une partie de ses mulets frappés à bout portant par les balles ennemies, au moment où ils vont se remettre en marche, roulent dans les ravins avec leur matériel. »

*
* *

Le 8 octobre, M. Painlevé, mal informé, avait pu croire que la jonction était un fait accompli. Il félicita aussitôt le maréchal Pétain sur la réussite de son plan.

« Je vous félicite tout particulièrement d'avoir réussi à établir la liaison avec les troupes espagnoles. L'effet produit sur l'ennemi par notre progression sera encore accru, si « comme il avait été prévu », la menace offensive due à la coopération franco-espagnole peut se développer et s'accentuer à bref délai. »

*
* *

Au moment où le maréchal Lyautey allait quitter le Maroc, ovationné par une foule émue à son départ, pour débarquer en silence à Marseille, la fausse nouvelle de la jonction des armées françaises et espagnoles fut propagée à Paris, comme le couronnement rapide d'un plan décisif. On montra les Riffains pris entre deux feux. Dans le même temps, les instructions du maréchal Pétain, au général Boichut sont pourtant motivées par « l'incertitude où nous nous trouvons encore quant à la réalisation de notre soudure effective avec les Espagnols sur le Kert ».

Cette incertitude ne dura pas. En arrivant à Taza, le 15 octobre, le maréchal Pétain apprit par un message du général Primo de Rivera, les raisons qui l'avaient empêché de joindre ses forces aux nôtres.

La campagne d'automne, concertée sur cette base, était finie pour le moment.

Les éléments de notre offensive allèrent prendre leurs quartiers d'hiver à Guercif et à Taourirt.

Le 17 octobre, le maréchal Pétain explique au gouvernement que « le dispositif de l'attaque va se stabiliser ».

M. Steeg, après avoir conféré à Paris, avec le maréchal Lyautey, presse alors son départ pour Rabat et le maréchal Pétain revient à Paris en passant la main à la politique.

Il aurait suffi au maréchal Lyautey d'attendre un peu pour prendre lui-même les dispositions qui devaient réparer l'échec du plan Pétain.

On s'explique, dès lors, le travail du service des renseignements marocains dans le Maroc Oriental, pendant la mauvaise saison et comment la Conférence d'Oudjda fut ouverte, en avril 1926, avec l'agrément du gouvernement français, sur des bases qui ne manquaient pas de préparation. L'histoire véridique ne peut pas méconnaître l'enchaînement de ces choses.

Du même coup s'explique l'hostilité que rencontra dans les cercles espagnols l'action de la mission Parent envoyée par M. Steeg près d'Abd el Krim, après la rupture de la Conférence d'Oudjda.

On avait dit « maintenant la parole est au canon » et le développement du plan militaire pouvait être d'autant plus rapide, que l'ennemi, si longtemps tenace, n'offrait plus aucune cohésion et lâchait pied sur toute notre ligne.

Les choses furent poussées si loin que le télégramme adressé par MM. Gaud et Parent, à M. Steeg, pour lui annoncer la reddition à merci d'Abd el Krim ne fut pas transmis, et que M. Parent dut se rendre lui-même près de M. Steeg par avion, pour l'informer des résultats heureux de sa mission politique. En s'en remettant sans conditions à notre générosité et non à celle des Espagnols, Abd el Krim nous attribuait la victoire morale sans participation.

Et Abd el Krim ?

Une politique de collaboration avec Abd el Krim était-elle possible ? M. Pierre Parent qui obtint sa reddition semble le penser. Ses cahiers du Riff, publiés au *Mercure de France* en formulent le souhait. En rapportant la dernière entrevue qu'il eut avec l'émir prisonnier, le 21 août 1926, sur le bateau de son exil, il écrit :

« L'heure s'avance, il faut partir :

« — Adieu, me dit l'émir déchu.

« Je lui réponds par un ferme « au revoir » car j'espère qu'un jour la France saura se servir de cet homme qui a donné de telles preuves de son intelligence et de son énergie comme adversaire. Cette intelligence et cette énergie il nous les doit maintenant comme collaborateur ».

Nous ne partageons pas sur ce point l'illusion de M. Parent. Le retour d'Abd el Krim dans le Riff l'exposerait à des risques mortels et serait mal interprété par les Espagnols.

Tant que nous n'aurons pas l'intention de contrarier l'Espagne au Maroc, la collaboration africaine d'Abd el Krim ne sera pas envisagée. Mais sait-on ce que nous réserve la politique des riverains ?

** **

Le Maroc était autrefois le pays des surprises, des sorcelleries et des revirements.

En janvier 1907, je me trouvais à Tanger et, des fenêtres de la *Villa de France*, je pouvais voir en rade la flotte franco-espagnole, de composition inégale, qui, paisiblement ancrée et balancée, se tenait prête, au dire de quelques journalistes, à bombarder la ville pour en éloigner le pacha Raïssouli qui s'était opposé de force à des opérations d'arpentage et de cadastre.

On n'eut pas à pousser les choses si loin. Le cherif chevelu s'éloigna. Traqué par des forces de police et par le tabor de la banlieue que commandaient nos officiers, son camp fut razzié. On y trouva de vieilles conserves et quelques fusils et munitions belges qui furent vendus à l'encan sur le Petit-Sokko.

L'impression de cette expédition fut assez forte pour décupler en une semaine le prix des terrains dont l'incertitude foncière avait paralysé l'essor.

Dans les tribus, la disgrâce de Raïssouli rencontra des incrédules et des fatalistes. « Nous pensions bien, nous disait un vieil Andjera, que vos canons ne tireraient pas sur la ville, car ils n'auraient cassé que les maisons des Juifs. Nous n'y possédons rien. Nous serions restés chez nous et les « Maria » (ménagères espagnoles) n'auraient plus trouvé ni charbon ni patates sur le marché. Quant à Raïssouli, attendez un peu, c'est un diable... et vous le verrez revenir ».

Et, en effet, il revint un jour, monté sur un beau cheval noir et tête nue, suivi d'une foule de mendiants et de psalmodiants. On le vit passer la grande porte de la légation d'Angleterre pour y toucher la rançon de deux notables sujets britanniques, MM. Perdicaris et Harris, qu'il avait enlevés dans leur villa de la côte. Puis il connut des fortunes diverses, combattit l'Espagne et la servit, ce qui lui valut finalement d'être capturé, rançonné à son tour, et de mourir prisonnier d'Abd el Krim. Il y a donc au Maroc, surtout dans les villes mystérieuses comme Fez, des musulmans fervents qui, sans souhaiter le retour de l'émir du Riff, et sans y croire comme à la résurrection des morts, déclarent que Dieu sait et qu'il est le plus savant.

Mais les Riffains ont la rancune tenace et reprochent à leur chef de guerre d'avoir négocié pour son compte. Il est certain que, s'il n'eût tenu qu'à eux, ils se fussent tous rendus à la France, alors qu'Abd el Krim et sa famille bénéficièrent seuls de cette faveur. Le désir de revoir ses montagnes ne saurait donc être bien vif chez l'émir exilé. Il emporta plus de regrets que d'espérances et doit préférer maintenant la vie du colon créole et les loisirs que nous lui avons faits aux aventures de la guérilla.

TABLE DES CHAPITRES

9 782329 211015